¡Hola Mundo!

Escrito e Ilustrado por Tracy Clarry

Para Meadow

Hola
Globo Rojo

Hola

Pelota Anaranjada

Hola Perrito Amarillo

Hola

Carro Verde

Hola

Burbujas Azules

Hola

Mariposa Morada

Hola

Triciclo Rosado

Hola
Charcos de
Barro Marrones

Hola
Sombra Negra

Hola

Arco Iris Colorido

Globo Rojo

Mariposa Morada

Pelota Anaranjada

Triciclo Rosado

Perrito Amarillo

Charcos de Barro Marrones

Carro Verde

Sombra Negra

Burbujas Azules

Arco Iris Colorido

www.ingramcontent.com/pod-product-compliance
Lightning Source LLC
Chambersburg PA
CBHW041959100426
42813CB00019B/2933